AF347349

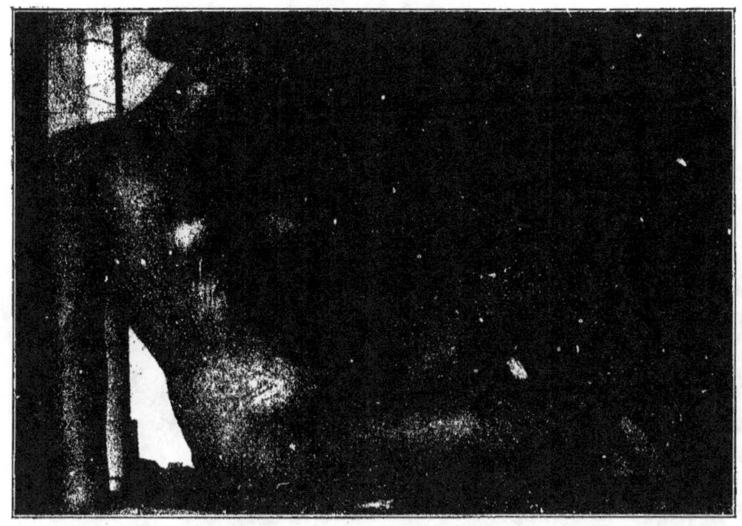

Monument CÉZANNE, par A. MAILLOL, en cours d'exécution. — *État actuel.*

VENTE
au bénéfice du monument CÉZANNE

CATALOGUE DES ŒUVRES

DE

BONNARD, CARRIÈRE, CÉZANNE, DENIS, FRIESZ, GAUGUIN,
HAMM, HENRI-MATISSE, JOURDAIN, LAPRADE, LOPISGICH,
MAILLOL, MARQUET, PICASSO, RENOIR, ROUAULT,
ROUSSEL, van RYSSELBERGHE, SÉRUSIER, SIGNAC, VUILLARD

*dont la vente aux enchères publiques aura lieu à Paris, Hôtel Drouot,
Salle N° 9, le lundi 22 mai 1911, à 3 heures.*

M° F. LAIR DUBREUIL
COMMISSAIRE-PRISEUR
6, rue Favart

J. & G* BERNHEIM JEUNE
EXPERTS PRÈS LA COUR D'APPEL
25, boulev. de la Madeleine ; 15, rue
Richepance ; 36, avenue de l'Opéra

EXPOSITIONS PUBLIQUES :

1° chez MM. BERNHEIM JEUNE, 15, rue Richepance, le samedi 20 mai 1911, de 10 à 6 heures ;
2° à l'HOTEL DROUOT, salle N° 9, le dimanche 21 mai 1911, de 2 à 6 heures

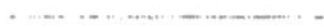

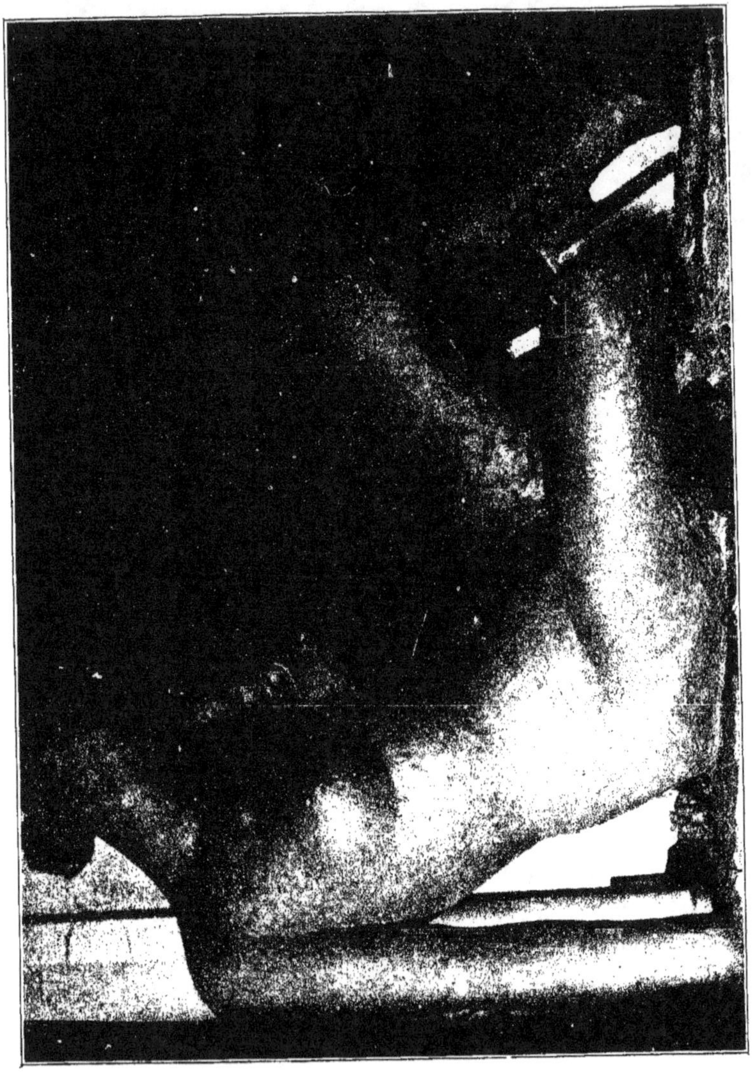

<u>*NOTE*</u>

Des artistes, des collectionneurs et des écrivains se sont constitués en Comité pour ériger à Paul Cézanne un monument digne de lui dans cette ville d'Aix-en-Provence où il est né, où il a vécu, où il est mort.

Le Comité, dont la composition est indiquée ci-après, a confié à M. Aristide Maillol l'exécution du monument : ce ne sera pas une vaine effigie du peintre, mais une figure nue symbolisant son art, et cette figure ne s'isolera pas de la vie populaire, mais sera installée au centre de la ville, près du musée, sur une fontaine dès longtemps existante et qui restera une fontaine.

L'œuvre de M. Maillol est en cours d'exécution, et la photographie reproduite sur la couverture de ce catalogue la montre dans son état actuel.

Elle sera inaugurée en 1912.

Pour la réalisation de cette entreprise, les ressources du Comité sont de deux sortes :

1° Une *SOUSCRIPTION* à laquelle ont déjà participé maints admirateurs de Cézanne et qui reste ouverte chez le trésorier du Comité, M. Maurice Gangnat, 24, avenue Friedland, Paris ;

2° Une *VENTE* publique d'œuvres d'art dont la plupart ont été offertes au Comité par les auteurs mêmes de ces œuvres.

C'est cette vente qui fait l'objet du présent Catalogue.

COMITÉ DU MONUMENT CÉZANNE

Présidents d'honneur : MM. Claude MONET et RENOIR.
Président : M. Frantz JOURDAIN, président du Salon d'Automne.
Vice-présidents : MM. Auguste PELLERIN et Odilon REDON.
Trésorier : M. Maurice GANGNAT.
Secrétaires : MM. Josse et Gaston BERNHEIM JEUNE.

COMMMISSION EXÉCUTIVE

MM. BONNARD, DENIS, MIRBEAU. K.-X. ROUSSEL, VUILLARD.

MEMBRES DU COMITÉ

MM. ALEXANDRE (Arsène).
BAIGNÈRES (P -L.).
BARON (Gabriel), *député*.
BAUDIN (Pierre), *député*.
BÉNÉDITE (Léonce), *conservateur du musée du Luxembourg*.
BERNARD (Émile).
BERTRAND (Docteur Maurice), *maire d'Aix-en-Provence, conseiller général des Bouches-du-Rhône*.
BESNARD (Albert).
BIBESCO (Prince Emmanuel).
BLOT (Eugène).
CRÉMIEUX, *sénateur*.
CAMONDO (Comte Isaac de).

Mlle CASSATT (Mary).

MM. DESVALLIÈRES (Georges).
DETHOMAS (Maxime).
DRUET (E.).
DUMESNIL (Georges).
DURAND-RUEL (Paul).
DURAND-RUEL (Joseph).
DURAND-RUEL (Georges).
DURET (Théodore).
ELIAS (Docteur Julius).
ESPAGNAT (Georges d').
FABRI (Egisto).
FAYET (Gustave).
FÉNÉON.
FONTAINE (Arthur).
GALLIMARD (Paul).
GANAY (Marquise de).
GASQUET (Joachim).
GEFFROY (Gustave), *directeur de la manuf. nationale des Gobelins*.
GRANEL (Louis), *adjoint au maire d'Aix-en-Provence*.
GUÉRIN (Charles).
GUILLAUMIN (Armand).
HAMM (Henri).
HESSEL (Jos).

MM. KESSLER (Comte Harry de).
LAPRADE (Pierre).
LEFÈVRE (Camille).
LEYDET, *sénateur*.
LEYDET (Louis).
LIEBERMANN (Max).
LŒSER (Charles).
LOPISGICH.
MARQUE (Albert).
MARX (Roger).
MAUS (Octave).
MEIER-GRAEFE (Julius).
MELLERIO (André).
MEYER (Hans).
NATANSON (Thadée).
PERRICHON (Jules).
PLUMET (Charles).
PONTIER (Henri), *conservateur du musée d'Aix-en-Provence*.
REINACH (Joseph), *député*.
ROUANET (Gustave), *député*.
ROUAULT (Georges), *conservateur du musée Gustave Moreau*.
SAINSÈRE (Olivier).
SAUVAGE (Henri).
SEIDLITZ (Baron W. de), *directeur général des musées royaux de Saxe*.
SEMBAT (Marcel), *député*.
SIGNAC (Paul), *président de la Société des Artistes Indépendants*.
SIMYAN, *député*.
SOLARI (Émile).
SWARZENSKI, *conservateur du musée de Francfort-sur-le-Mein*.
TAVERNIER (Adolphe).
THIÉBAULT-SISSON.
TSCHUDI (Hugo de), *surintendant des beaux-arts en Bavière*.
VALLOTTON (Félix).
VAUXCELLES (Louis).
VOLLARD (Ambroise).

Conditions de la Vente : *Elle se fera au comptant.*
Les acquéreurs paieront 10 % en sus des enchères.

Vente au bénéfice du monument
CÉZANNE

BONNARD (Pierre)

I. — Dans le cabinet de toilette.

(Don de l'artiste)

Peinture à l'huile. - Haut., 50 cent.; Larg., 73 cent.
Signé en bas, à gauche.

CARRIÈRE (Eugène)
(1849-1906)

2. — Tête de femme.

(Don de Mᵐᵉ Eugène Carrière)

Lithographie. - Haut., 42 cent.; Larg., 34 cen
Signé en bas, à gauche.

CÉZANNE (Paul)
(1839-1906)

3. — Les deux pêcheurs à la ligne.

(Don de MM. Bernheim Jeune)

Peinture à l'eau. - Haut., 28 cent.; Larg., 41 cent.

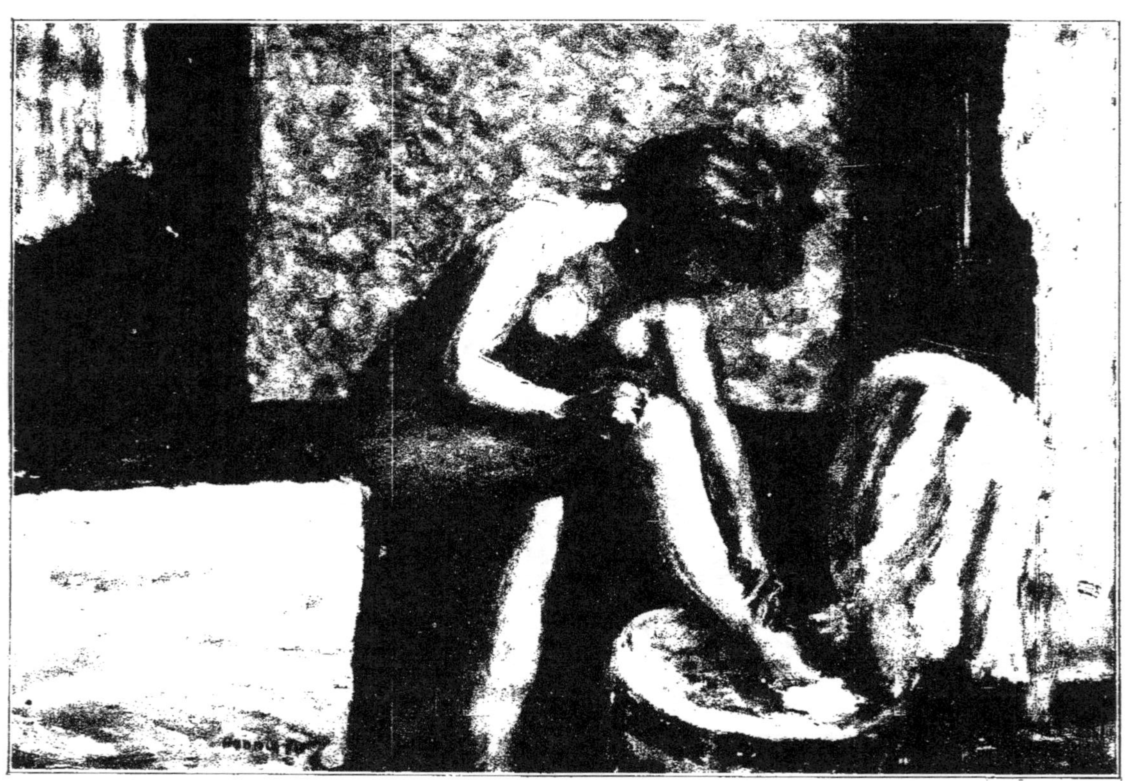

PIERRE BONNARD.

Nº 1. — Dans le cabinet de toilette.

DENIS (Maurice)

4. — Les premiers pas.

(Don de l'auteur)

Peinture à l'huile. - Haut., 51 cent. ; Larg., 76 cent.
Signé en bas, à droite.

FRIESZ (Othon)

5. — Cassis.

(Don de l'auteur)

Peinture à l'huile. - Haut., 53 cent. ; Larg., 54 cent.
Signé en bas, à droite.

GAUGUIN (Paul)
(1848-1903)

6. — Pot et fruits.

(Don de M. Eugène Druet)

Monotype. - Haut., 22 cent. ; Larg., 27 cent.

HAMM (Henri)

7. — Un cendrier : Synthèse du papillon.

(Don de l'auteur)

Bronze.

HENRI-MATISSE

8. — La pose du nu.

(Don de l'auteur)

Peinture à l'huile. - Haut., 81 cent. ; Larg., 60 cent.
Signé en bas, à gauche.

MAURICE DENIS.

N°. 4. — Les premiers pas.

JOURDAIN (Francis)

9. — Les toits rouges.

(Don de l'auteur)

Peinture à l'huile. - Haut., 62 cent. ; Larg., 85 cent.
Signé en bas, à gauche.

LAPRADE (Pierre)

10. — Florence.

(Don de l'auteur)

Peinture à l'eau. - Haut., 21 cent. ; Larg., 46 cent.
Signé en bas, à droite.

LOPISGICH (Georges)

11. — Le village sous la neige.

(Don de l'auteur)

*Épreuve d'artiste d'une pointe sèche exécutée pour le
Cabinet des Estampes.* - Haut., 33 cent. ; Larg. 28 cent.
Signature autographe, en bas, à droite.

MAILLOL (Aristide)

12. — Pommes.

(Don de l'auteur)

Peinture à l'huile. - Haut., 17 cent. ; Larg., 20 cent.
Signé du monogramme, en bas, à gauche.

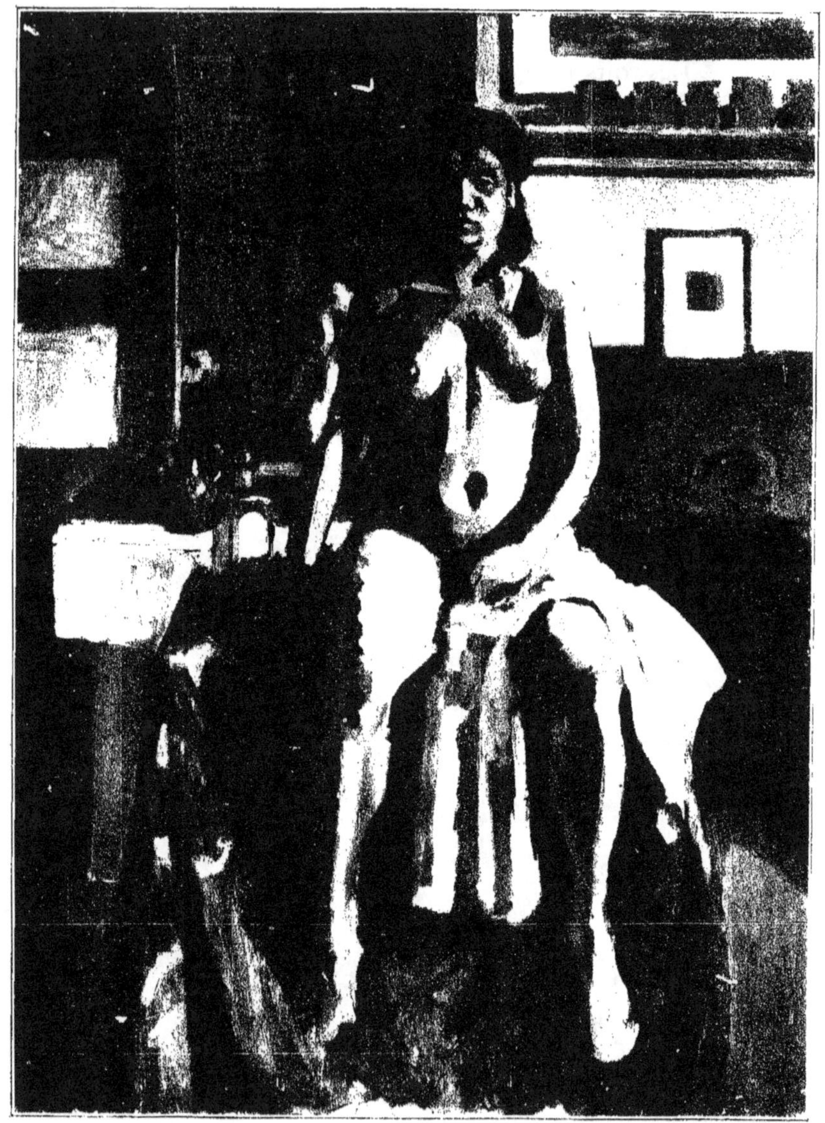

N° 8. — La pose du nu.

MARQUET (Albert)

13. — Bras de Seine à Poissy.
(Don de l'auteur)

Peinture à l'huile. - Haut., 24 cent. ; Larg., 33 cent.
Signé en bas, à gauche.

PICASSO (Pablo)

14. — Arlequin.
(Don de l'auteur)

Peinture à l'eau - Haut., 62 cent. ; Larg., 47 cent.

RENOIR (Auguste)

15. — Des oranges.
(Don de l'auteur)

Peinture à l'huile.

ROUAULT (Georges)

16. — Le clown.
(Don de l'auteur)

Monotype. - Haut., 26 cent. ; Larg., 20 cent.
Signé en bas, à droite, et daté de 1908.

ROUSSEL (K.-X.)

17. — Nymphe ivre.
(Don de l'auteur)

Peinture à l'huile. - Haut., 89 cent. ; Larg., 48 cent.
Signé en bas, à droite.

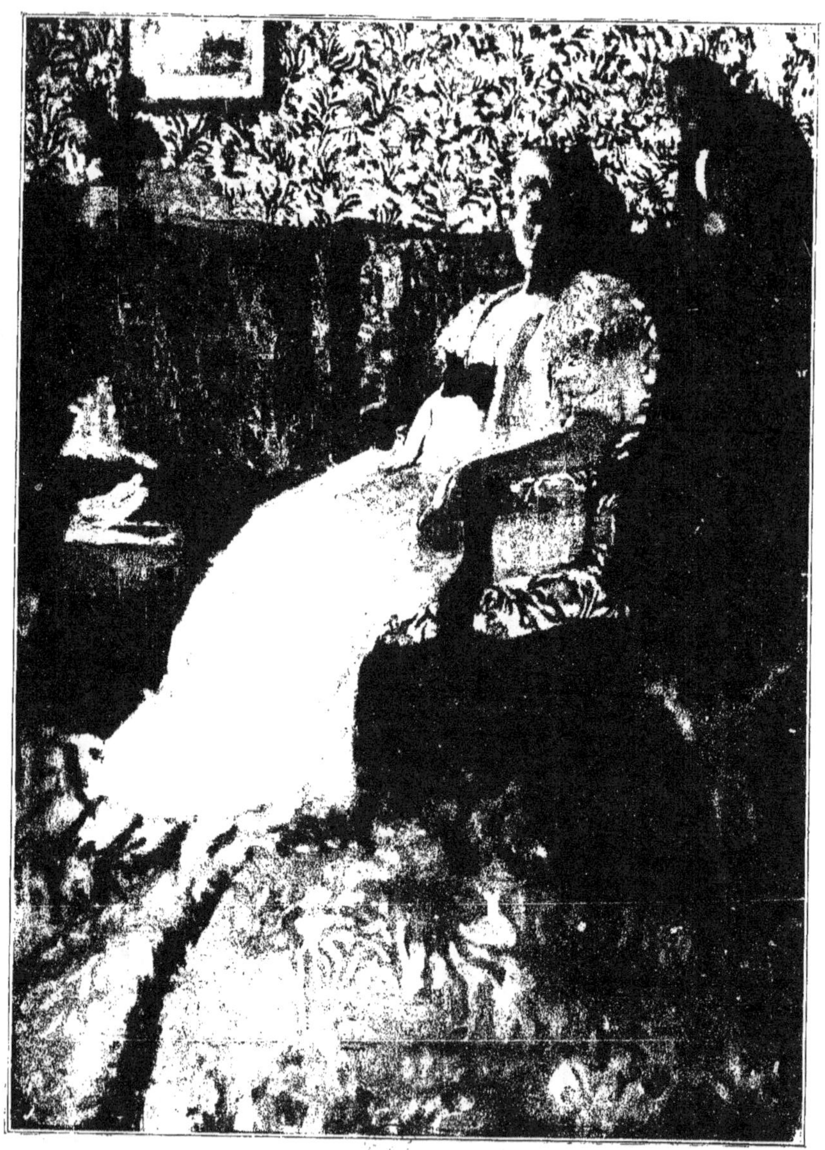

N 21. — La femme au fauteuil.

RYSSELBERGHE (Théo van)

18. — Le pot de fleurs et son reflet.
(Don de l'auteur)

Peinture à l'huile. - Haut., 53 cent. ; Larg., 46 cent.
Signé du monogramme en bas, à droite, et daté de 1910.

SÉRUSIER (Paul)

19. — Roses au pot brun.
(Don de l'auteur)

Peinture à l'huile. - Haut., 55 cent. ; Larg., 54 cent.
Signé vers le bas, à gauche.

SIGNAC (Paul)

20. — Pont des Saints-Pères : les autobus.
(Don de l'auteur)

Peinture à l'eau - Haut., 27 cent. ; Larg., 42 cent.
Signé en bas, à droite, et daté de décembre 1910.

VUILLARD (Edouard)

21. — La femme au fauteuil.
(Don de l'auteur)

Peinture à l'huile. - Haut., 1 m. 05 ; Larg., 74 cent.
Signé en bas, à droite.

22. — *Sous ce numéro seront vendues quelques œuvres
qui nous sont parvenues trop tard pour être
cataloguées.*

PARIS
MODERNE IMPRIMERIE
9, rue Abel-Hovelacque
—

GUÉRIN (Charles)

22. — Le jet d'eau.

(Don de l'auteur)

Peinture à l'huile. - Haut., **39** cent. ; Larg., **32** cent.
Signé d'initiales en bas, à droite.